In SICHTWEITE

Gedichte

Covergestaltung & Illustrationen von Rena Te

Bisherige Veröffentlichungen:

„A WORLD OF WORDS" a poetry anthology 2017

Soviel Außen, Haikus auf Kreta 2018

Hautnah, 12 illustrierte Kurzgeschichten

Der Heiratsantrag, E-Book bei BoD

© 2018
Herstellung und Verlag: BoD – Books on Demand,

Norderstedt.
ISBN: 9783748149491

Rena Te Stollenwerk

In SICHTWEITE

Illustrierte Gedichte

Rena Te Stollenwerk, geb.1952 in der Eifel, Deutschland, lebt und arbeitet seit über 30Jahre als freischaffende Künstlerin auf Kreta.

Sie ist Malerin, Bildhauerin, Illustratorin, Schriftstellerin, Reiki Meisterin und Human design Analytikerin. Ihre geschulten Sinne der Selbst- Wahrnehmung, sowie wertfreier Beobachtungsgabe sind die Grundlage ihrer Dichtung.

Gewidmet

meinen Freunden und Feinden, Lehrer auf meinem Weg

VORWORT

Mutig sagt man auch,

wenn jemand in die Weite

oder in die Tiefe fallen will,

sich in Abenteuer, Schluchten,

Freiheit oder Liebe stürzt.

Mutig, bin ich das?

Ganz unbedarft

begeb ich mich ins Abenteuer,

verwandle und verändre meine Welt,

häng an Klippen,

lieg im Wüstensand,

hab mich dem Leben übergeben

wie ein Kind,

das ganz vertraut

in Engelsarmen ruht

und Gefahren nicht erkennt.

Viele Flügel haben mich bewahrt

vor Sturz und Biss

und Fall und Tod.

Nicht war geplant

im großen Buch vom Leben

der eine Schritt daneben.

I. BEGEGNUNGEN

Das Paar
unverkennlich
für
immer und ewig
unsere diese Barte
Zeitspanne

Wie lange
dauert
eine
Ewigkeit?

Manchmal überfällt mich die Liebe

wie ein Regenschauer

mitten im Weiten

schützt mich nichts vor ihr

und, hingegeben dem Nass,

beginnen die Blumen zu blühen,

die Wiese zu grünen.

Freudig erblickt mich die Welt.

Ich hatte sie vergessen.

Erste Begegnung

Als ich Dir begegnete,
wehte kein Wind durch die Gassen
und die Sterne standen still.
Doch ich habe es nicht bemerkt.

Als ich Dir begegnete
sah ich deine braunen Augen
und die großen Hände.
Die Größe deines Herzens
erkannte ich nicht.

Als ich Dir begegnete,
wußte mein Herz,
dass jetzt alle Wunden heilen können.
Doch ich spürte nur deinen Blick.

Geöffnet hätte ich die Tür

ganz ohne Zögern,

zu vertraut und wohlig

und das Mögen

alt und vielmals schon gelebt.

Ein Flüstern hätte schon genügt

und Körper nah,

wir hätten uns vereint.

Doch auch erinnert nur,

fast wie geschehen.

Wir haben uns gesehen.

So fließen Ströme

längst vergangner Zeit

in einem einz'gen Blick

erneut,

als sei alles Gestern

immerzu

nur heut und heut

und heut.

Was hat sie zusammengefügt?

Dieses oder jenes Paar?

Der Raum so groß, so weit

und doch geht alles nur zu zweit

hand in hand

and side by side

bis dass der Tod euch scheidet.

Doch all zu oft ist schon im Leben

der kleine Tod daneben.

jedes nicht gesprochene Wort,

jede nicht gegebne Hand

stellt sich dann dazwischen

und jede Brücke ist dann fort,

der Boden nur aus Sand

und trotzdem bleiben sie zusammen.

Denn das heilige Gesetz

sie bindet an das Unerlöste.

Auch der Tod sie nicht davon befreit.

Der Kosmos will das Ganze,

ist sonst nicht bereit.

Das Dissonante kann nicht schwingen

in dieser Einigkeit.

So gehen sie denn weiter

in verstörter Zweisamkeit

bis die zeit gekommen,

zu verwandeln sie in Einigkeit.

Erst dann sind sie befreit

zusammen für die Ewigkeit

Mausgrau das Paar,

mausgrau die Shorts,

mausgrau die Shirts,

mausgrau der Blick,

der durch mich durchgeschaut.

Doch wie guckt so eine Maus,

da schaut doch keine Angst

aus ihren Äuglein raus?

Weint auch in ihr

nur still

das Herz sich aus?

Ach, all die Prinzen,

die nicht mal wissen,

dass sie Prinzen sind.

So schritt aufrecht er ins Meer,

dass sich die Wellen darum rissen,

ihn mit nassen Spritzern

sanft und fest zugleich zu küssen.

So hätt' auch ich ihn

jetzt umgarnt

und selig fest umarmt.

Doch saß ich weit entfernt

und träumte nur,

ich würde als Prinzessin

jetzt, sofort, enttarnt.

Heute möcht ich tanzen,

angeschmiegt und sehr intim,

im Rhythmus mich bewegen

mit jenem ihm.

Wer immer er auch ist,

vertraut ist er aus alter Zeit.

Ich gebe mich hin

in diesen lang

erwarteten Moment,

in dem Magie

das Zepter übernimmt,

die Ewigkeit regiert

und niemand

Zeit mehr kennt.

Liebesleid

Wenn sich die Flügel senken,

sie des Herzens Blick verstellen,

Trauer und Dunkel dann legen

sich über Freude und Leichtigkeit,

so wie dem Gefühl im Leben,

alles sei möglich, immer bereit.

Und nun?

Wo ist sie geblieben

die Spanne der Flügel Weite?

Jetzt glatt zusammengelegt

nach der Federn Breite,

sie hängen wie Blei

 an meines Körpers Seite.

Wozu noch fliegen,

wenn man SIE nicht mehr sieht?

Wozu sich noch regen,

wenn der Winde nie mehr weht?

Jeder kennt ihn in der Stadt.

Den Kopf, den trägt er hoch und schräg.

Er schaut durch alles durch

und immer weg.

Jeder Schritt ist neu gesetzt,

als müsste er's entscheiden,

die Hände baumeln dran

ganz lang,

als griffen sie ins Leere

 bang.

Jedes Glied geht seinen eignen Weg,

eine vage Richtung

hält ihn auf dem Steg.

Die Kette an der Hose

manchmal baumelt heftig

und die Bewegung

durchruckt und -zuckt ihn stetig.

Sein Geist,

er kann sich nicht entfalten,

gefangen ist er,

in der Form gehalten,

bewegt sich blind in seiner Zelle,

ohne Richtung, ohne Wille.

Wer ihn sieht,

verstummt für eine Weile,

hält inne,

entrissen seiner Eile,

im Sinne

des Daseins Möglichkeiten.

Ist die eigne Form durchdrungen

oder ist die Seele noch gezwungen,

während sich die Kräfte streiten,

blind darin herum zu irren?

Drei in ewigem Gewebe

hin und her in alten Mustern

als Mutter, Tochter und als Schwestern.

Mal oben und mal unten,

mal kreuz mal quer,

doch immer hin und her

webt sich das Leben wie ein Teppich

vom Anfang bis zum Ende ausgedacht,

unterliegt es einer höher'n Macht.

Wir paddeln rum und müh'n uns redlich

und machen so das Miteinander möglich.

Weil mitgezogen im Getriebe

ist da der rote Faden Liebe.

Er zeigt die Richtung an und Wende

vom Anfang bis zum Lebensende.

querere
Verbindungen

sich Hände
reichen
darüber
hinweg

Die Mutter

Zurück verfolgt die Zeit
für eine kurze Weile.
Daheim gab's keine Zeit,
noch irgendeine Eile.

Die Mutter mich erwartete,
wie in längst vergangnen Tagen.
Wir Kinder fliegen aus,
sie wartet still zu Haus.

Als wollt ich's überprüfen,
ob Engel sie schon riefen,
oder ich noch sicher bin
und daheim ich vor sie find.

Ein jedes Mal ich seh sie schwinden.

Mein Kinderherz dann leise weint.

Doch will sie mich dann binden,

bin ich sofort zur Flucht bereit.

So wartet sie ein Leben lang

und ich bin froh, doch auch recht bang.

Es wären möge noch sehr lang,

denn dann......ungewiss der Neuanfang..........

Über die Liebe könnt ich sagen,

auf dem Grund und atemlos
ertrunken jedes Mal,
ringend nur um wieder aufzutauchen.
Sollt ich solches wieder wagen?

Mich hoffnungslos verzehren,
verschmelzen all mein Sein,
keine Chance mich zu wehren,
und fallen in die Tiefe wie ein Stein.

Wo war mein Selbst in diesen Zeiten,
groß und klein und immer schwankend,
vor mir standen von mir fremde Seiten,
sich nur um den andern rankend.

Wie ein Fisch an Land geworfen,

würd er an der Luft ersticken,

so erstickte ich an dir

in dem fremden Du-Revier.

Die Liebe galt's zu überleben,

Nur nach Luft zum Atmen streben.

Doch bin ich jetzt bereit,

sie neu und anders zu erleben?

Nicht mal alle Schwüre

erinnere ich,

die ich getan

heraus aus tiefster Bitterkeit.

Ein andres Ich,

nicht Ich,

damals gemeint,

Ersatz nur war

mein Hingegebensein.

Die Küsse fremdgeträumt

und meine Lust,

an Lust,

war nicht gemeint.

„Anni', ich wollte eigentlich."

Vier Worte,

stark wie Fäuste,

mich in den Abgrund stießen

und in dem Fall

-und fallen tu ich immer noch-

die Nies und Nie mehr,

solche Schwüre meine Lippen,

fälschlich wund geküsst,

verließen.

So viele Jahre sind vergangen,

so viele Männer kreuzten meinen Weg,

doch haben all die Nie-mehrs

mir stets den Raum verstellt.

Wie eine Wand,

nach all der Zeit,

steht sie noch da,

die tiefe Bitterkeit.

Ich möcht sie jetzt entlassen

aus meinem Sein und Zellengrund,

die Dornen raus mir reißen

und all die Wunden bluten lassen,

bis der letzte Tropfen Gift

ist von mir ausgeweint.

Auch bin ich jetzt bereit,

den in den Schwüren

fest gepressten Schmerz

und all die Traurigkeit

erneut zu spüren.

So geb ich auf

die Wunde Bitterkeit

durch meinen Gang zurück

in die Vergangenheit,

lös auf Substanz in Raum und Zeit.

Enttarn als Illusion die Bitterkeit,

Das Jetzt und damals

waren nie entzweit,

denn Illusion ist auch die Zeit.

Nichts versteh ich von der Liebe,

nichts von nah und fern,

von Anziehung und Abwehr.

Nichts versteh ich von der Liebe,

von der Lava,

die hereinbricht,

in mein ach so geschütztes Herz.

Nichts versteh ich von der Liebe,

dem Rinnsal,

das hereinschleicht,

in mein ach so verschanztes Herz.

Nichts versteh ich von der Liebe,

nur die Geschütze

um mein ach so verwundbares Herz.

Nicht kümmert sich mein Herz

um meine Ahnungslosigkeit.

Es liebt einfach,

verwundbar, offen, hingegeben.

Nichts verstehe ich von meinem Herzen.

Haut an Haut

durch alle Poren dringen

Lust und Lachen.

Alles ist berührt.

Körper, Herz und Seele singen.

Für eine kurze Weile

wir entfachen

dieses Feuer,

das seit allen Ewigkeiten

in uns brennt.

Denn es erinnert jede Zelle,

dass nichts und niemals

irgendjemand, irgendetwas

war getrennt.

II. UNTERWEGS

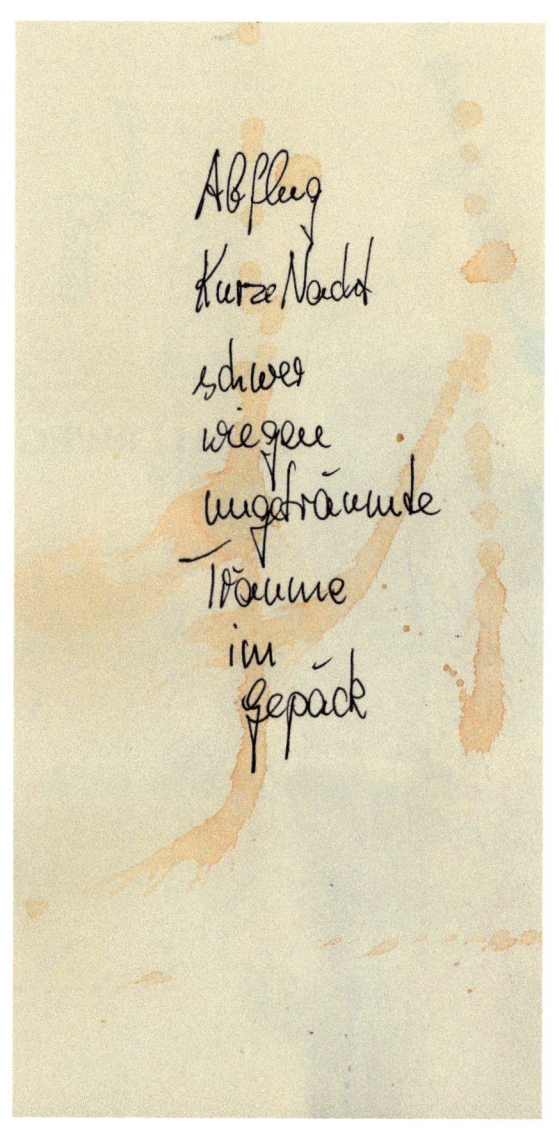

Abflug

Kurze Nacht

schwer
wiegen
ungeträumte
Träume
im
Gepäck

Da ist ein Tor zu einer Stadt,

die hundert tausend Räume hat.

Wie oft stell ich mir vor,

hinein zu gehen,

mir all das Unbekannte anzusehen.

Mit buntem Mosaik und Gold geschmückt

die Pfeiler, ich bin ganz verzückt.

Dort hindurch ich würde schreiten

und nicht gehen,

mit wallenden Gewändern,

Brokat und Seide an den Rändern.

In bunten Farben spiegeln sich

die Edelsteine dort im Licht.

Und niemand

über diese Stadt mehr wacht.

So wäre jetzt die ganze Welt.

Nie durchschritten hab ich dieses Tor,

immer stand ich nur davor.

Denn wär es so,

wie ich es jetzt beschreibe,

dann wär die Erde

jetzt die wunderbare Bleibe.

Eifel Landschaft

Gibt es ein Lied zu singen über die Eifel?

Ein Lied von Wanderern und Wunderern,

die durch die Landschaft streifen

Nadelteppich oder Laubperser unter den Füßen,

den Blick nach oben gewand

die Hänge hinauf,

die Wipfel so hoch?

Der Bach singt sein eigenes Lied,

der Wald seine Melodie,

der Chor der Natur

ein einziges Raunen und Rauschen.

Soviel Grün und Verwegenheit

verlangt Schweigen und Lauschen.

Das Lied tönt im Innen,

der Gesang tönt da draußen.

Still werde zum Sänger auch ich.

Belgien,

vorbei mit glatten Rasenkanten,

selbst Kühe fressen anders auf den Wiesen.

Die Luft ist roh und Weiden

wachsen ungezähmt.

Da ist nichts Feines in der Luft,

doch eher grob und bäuerlich.

Und Tante Berta winkt an jeder Ecke

mit Dekolletee und schwarzen Haaren

auf dem Kopf und überm Mund

und Leiber biegen sich vor Lachen.

Der Bauch noch schmerzt in der Erinnerung.

Ganz Belgien so erwischt,

erhielt durch Tante Bertas Lachen

ein völlig neues Angesicht.

Im Ort meiner Kindheit gibt es

keine Giraffen, auch keine Elefanten

Die Bekannten sind verschwunden,

gestorben die Verwandten

und das Dorf besteht

nur aus Erinnerung,

aus Räumen, Plätzen,

die gewesen, damals,

als man mit den Füssen

noch die Gassen

hat durchmessen.

Und immer nur war Ewigkeit,

selbst beim Warten

verging sie nicht, die Zeit.

In all den Jahren, die vergangen,

hab ich der Giraffe Blick gewonnen,

die Haare grau und lichter,

sitze ich auf Elefanten Rücken

und schau von oben zu

und manchmal wein ich

vor Erschrecken,

manchmal vor Entzücken

und manchmal steige ich

von diesem hohen Rücken

und fühl der Erde raue Haut

und vor Beglücken

hüpfe ich wie ein Kind,

das staunt.

Im Wald

Das Meer der Gipfel über uns,

hier unten tiefes Rauschen.

Wir gehen durch den Wald hindurch,

als wie auf einem Meeresgrund,

wo wir der Wellen Toben lauschen.

Doch nur von weit...

hier unten ist es still.

Ein Boden voller Laub gibt nach

bei jedem Schritt,

als würden wir auf einem Perser-

Teppich laufen

und hinter jedem Baum und Strauch

uns Augen folgen

hell und wach.

Wir sind in einer Wunderwelt

und doch so sehr befangen,

so dass in dieses Feen- und Gnomen Reich

wir können nicht gelangen.

Gelerntes unsre Augen sehen nur

und der Verstand hält uns gefangen.

Doch spüren ahnen wir zugleich,

was tief noch dort verborgen ist

am Grunde dieses Meeres-Dunkel

von Wurzeln, Schlingen, Bäumen.

Vielleicht,

wenn wir beharrlich sind,

die Natur wird dafür sorgen,

dass eines Tages dann,

zu denken wir versäumen,

der Wald sich zeigt

mit Feen und Gnomen, Zwergen

und wir die Welt

auf eine neue Art erträumen.

Am Flughafen

Aufbruch, eine Völkerwanderung,

doch mit bestimmtem Ziel

oder ausgerüstet für ein ungewisses Abenteuer.

Aber immer mit der Heimat

vor sich oder hinter sich,

eine organisierte Durchquerung der Lüfte

mit Essen und Trinken

und festem Sitznachbarn

mit Anspruch auf Versorgung und Pünktlichkeit.

Nur bei Luftlöchern Schrecken

und bei Verspätungen Unsicherheit und Beschwerde...

Nein, wir haben keine Ahnung

von Fliehen und Flüchten in ein Unbekanntes....

Eingesperrt das Dorf

kein Blick nach außen

wie atmet es

ohne Meer.

jetzt ist es leer,

Hühner irgendwo

und Feigen am Baum.

Morgen am Hafen

die Stille schon vorüber,

der Tag

hat alles in die Hand genommen,

das Dunkel der Nacht

ist im Morgenlicht verronnen.

Kleine Wellen plätschern,

jeder Stein macht große Ringe

weit hinaus sie ziehen

in die Welt.

Jede Tat wirft größere

sie reichen weit hinaus

in Himmelssphären.

Jede Welle bewegt das Ganze

unwiderruflich.

Wie viele Steine werfe ich?

Plakias

Jetzt, wo die Bilder entschwinden,

kehren die Worte wieder.

Zu groß das Meer,

zu weit und blau der Himmel

Horizont in der Unendlichkeit

verschluckte alle Silben

Wie erfassen

diese Ewigkeit

von Galaxien,

die sich zeigten in der Nacht.

Der Mond so nah

und ferner Sterne

Strassen voller Licht

als kleine Punkte

in dem Nichts.

So oft stand mir der Atem still,

erlaubte keinen Hauch

die Stille zu zerstören.

Undenkbares wurde nur gedacht,

ersonnen Unbeschreibliches

und unsichtbare Bilder in den Raum gemalt.

Jetzt werden Worte, Formen wieder Wirklichkeit

und die Landung ist in Sicht.

Die ZEIT rückt wieder ins Visier

und Endlichkeit kommt in den Blick.

Sommernacht in der Stadt

ein brodelnder Kessel

dampfendes,

tosendes Gewummer.

Menschen sind jetzt aufgewacht,

singen, rasen,

zwitschern durch die Nacht,

ohne Unterlass Gerassel.

Das ist Sommer in der Stadt.

Strassen quellen über,

bunte Lichter im Gewühle,

Stimmen, Musik überall

auf der Strasse stehen Stühle,

Gelächter, Schreie,

Bassgedröhne

und Schweiß rinnt

über Hals und Nacken.

Ich habe zugeschaut

und dabei Eis geleckt.

Es hat gut geschmeckt.

Auf dem Dach der Welt,

diesem kleinen hier,

der Götterinsel Kreta.

Schroff die Felsenwände ragen

aus dem Grund empor,

Winde blasen fremde Melodien.

Darüber Adler, Geier

ohne Flügelschlag

ihre weiten Kreise ziehen.

So den Göttern eher,

als den Menschen näher

fühlt man sich,

obwohl beide

weit und weg zugleich.

Mich zieht es in die Tiefe,

auszuloten diesen Grund,

doch reißt es mich

gleichermaßen in die Höhe,

zu erkunden höchsten Geistesgrund.

Zwischen diesen Welten,

dieser Zwischenwelt,

fließen dunkle Ströme

unbekannter Art.

Nicht erlaubt ist jedem,

zu betreten Götterreich.

Erst gereinigt und geklärt

ist möglich dieser Übertritt

-für eine kurze Zeit-.

Das, was auf dem Wege hoch

gehangen hat an uns wie eine Schleppe,

an irdischen Belangen,

Nöten, Angst und Gier,

will durchlichtet sein,

wie in alten Zeiten,

so auch jetzt,

an diesem Platze hier.

Damals stiegen noch die Götter

herab zum Mensch

in eigener Person

und sprachen das Orakel

aus tiefster Weisheit,

überblickend diese Welt

von hohem Götterthron.

Schwerer sie erkennen wir,

jetzt in dieser Neuen Zeit.

Den neuen Wohnsitz haben sie bezogen.

Doch wir, sind wir dafür bereit?

In uns ist ihre Bleibe,

nur zu fühlen,

nicht mehr zu verstehen,

den Gott, die Göttin

in uns selbst zu sehn.

So bringt mich dieser Platz

mir näher?

Meinem Gott in mir?

Zu erkennen

deinen auch in dir?

Prag, die goldene Stadt

Heiß und fremd
und alles sehr bekannt.
Die Steine atmen ein und aus
Geschichte.
Und Wörter sind gespeichert
in der Luft,
Gedanken kleben an
der Häuser Ecken.

Kameras bewachen jeden Schritt.
Als Touristen gehen wir hindurch,
und doch Gefangene in einem Netz,
wo niemand kommt heraus.

Gedankenwege, wie die Spuren, Gänge
gegraben tief unter der Stadt,

wo Bahnen fahren, Wasser rauschen

und keiner weiß, wer Zugang hat.

Wir laufen auf der Oberfläche

über Tod, KZ und Judentum

und Russen, Panzer und Verrat.

Fetzen streifen meine Stirn,

reißen Häute auf,

dahinter Wissen,

das so wohl verwahrt.

Nicht ich,

doch ich, als Teil von allem

seh und höre ohne Aug und Ohr,

und nun im Feld sich alles stellt mir vor.

Selbst wie tief ich tauchen will,

liegt nicht in meiner Hand.

So gehe ich hinein in eine Welt,

beladen mit den dunklen Mächten.

Die Alchemie ist auch ein Teil davon.

Auch davor stehen Wächter.

Doch ist noch gänzlich unbekannt,

wie und ob das Gold man fand.

Thessaloniki Flughafen

Der Durchzug der Menschen ist anders hier,

als ob man Angst und Enge riechen könnte.

Und Grenzen, viele Grenzen

in den Köpfen und der Nähe,

wo Zäune waren noch vor kurzer Zeit.

Augen zeugen still davon,

von Ohnmacht und auch Machtmissbrauch.

Die Körperzellen noch besetzt

von Widerstand, Gefangensein.

Die Decke drückt ein wenig mehr

und Lichter nur im Einkaufsraum.

Kulturen hier begegnen sich,

die nichts zuvor verband,

man kennt sie kaum.

Lächeln nur zersprengt

traumatische Geschichten

und die Wand dazwischen.

Winter auf Kreta

Hohe Gipfel weiß und schwer beladen,

weiß und schwer von Duft auch der Jasmin,

auch die Wolken ziehen weiß dahin

tief vom Himmels-Blau getragen.

Drunter grün und satt Olivenbäume

satt und gelb der Klee am Grund.

Farbig Laub von Sommerbäumen

Zitrus-Haine weit umsäumen

zwischen fettem Dunkelgrün

Orangen leuchtend weit zu sehn.

An großem Baum mit kahlen Ästen

Lotosfrüchte rote Farbe mästen,

laden ein zum Kosten und zum Festen.

Im Hintergrund , um aufzufallen,

kobaltblaue Töne schallen.

Reicher Farbenzauber für das Meer,

bewegt von Launen dieses oder jenen Tages,

ist Spiel und zeigt so viele Meere her.

Doch selbst in Zeiten, wo es regnet,

dem Farbeneinerlei mit Tosen oft begegnet,

auf Wellenkronen hoch und weiß wie Schnee

und in der Luft der Duft von Tang, von Salz und See.

Wütend das Meer
Schaum schlagend nähert es sich
sand schluckt viel Wasser

Pirámides 14.1.18

Westwind

Fisch and Wein,

das Meer vor mir.

Wie Lava strömen Wassermassen

unentwegt in diese Bucht,

reißen mit

mit Wucht,

was vorher still

und sanft da lag.

Diese Kraft,

wie aus dem Nichts gekommen,

wirbelt alles auf,

bringt Turbulenzen

in Gedanken und in Träume.

So schlaflos war die Nacht

nachdem durchschritten

endlos Räume,

die der Traum

zu mir gebracht.

Ich sah den Freund, der stirbt.

Ich weinte laut,

bis ich erwacht

aus dem Traum im Traum,

in DIESEN Traum,

der meine Wirklichkeit ausmacht.

So wandle ich

durch alle Schichten

in ganz verschiedener Form.

Wenn manchmal

sich die Schichten lichten,

dann trete ich heraus

aus vorgegebner Norm,

wo Traum und Wirklichkeit sind Eins.

Doch noch verhüllt

der Dunst den Blick

auf weitere Dimensionen,

so wie der Dichte Luft die Sicht

in tiefere Regionen

und nur der Traum im Traum

enthüllt mir, ahnungsvoll,

die Höhe, Weite, Tiefe

all der Zonen,

in die ich jetzt noch mich verliefe.

Wie ein Schiff,

verhängnisvoll gedrückt ins Wellental,

in unergründliche Regionen

sich verliefe in der Meerestiefe.

Neue Horizonte zeigen sich,

wenn wir den Blick vom Boden heben.

Wolken segeln auf dem bodenlosen Grund

und über uns ein Wasserdach,

das leise wiegt und kräuselt sich.

Vögel liegen in der Luft herum,

und in dem Wasser Fische schweben.

Unendlich jetzt die Möglichkeiten,

zu gehen bis zum Horizont,

der doch nie und niemals kommt.

So oben und das Unten sind ganz gleich

und wir, wir schweben so dazwischen,

ganz außerhalb von Horizonten,

in einer Wunderwelt,

wo wir bisher noch nie hin konnten.

Sie sind für sich,

diese Landschaften,

sie sind so ungerührt

von allen Sorgen, Müh'n.

Sie sind ganz unbewegt,

von allem was vorüberrauscht.

Zeugen nur der Zeit,

angenagt, geschunden

und doch im tiefsten Kern

ganz unverwundet.

Im stillen Schauen und Staunen

heraus aus ihrer schlichten Existenz,

im Wellenrauschen,

Winderaunen

sprechen sie zu uns.

Sie künden von der Spanne Zeit,

die für uns, unfassbar schon,

ist eine Ewigkeit.

Im ewigen Wandel sich

Unendlichkeit in Form gebracht

aus lauter Freude, Lust am Sein

sich einen Liebestanz erschafft.

III. INNENRÄUME

Manche
Rücken

sprechen
von
leeren
Räumen

ohne
Horizont

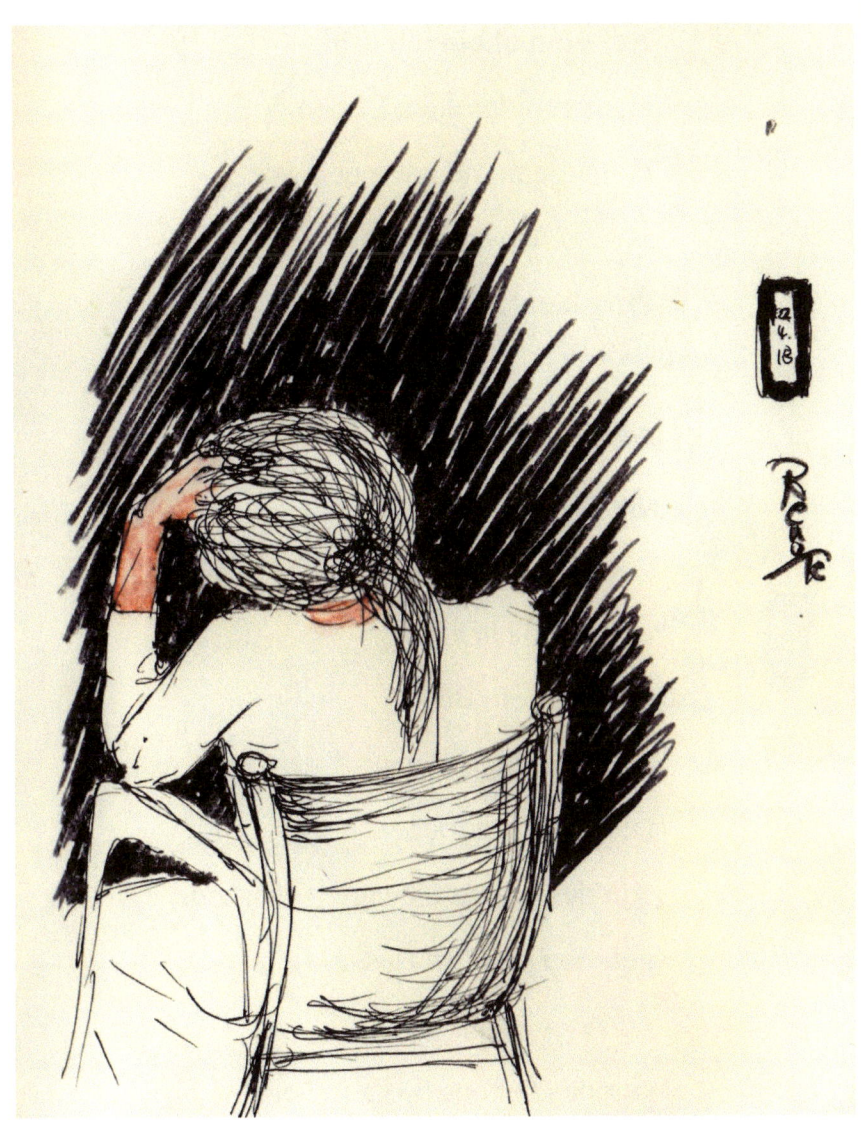

Auf einmal bin ich drin

im Strom der alten Leiden,

Gefangene meiner Innenwelt,

gesogen in die Tiefe,

ertrinkend in Vergangenheit.

Am Grunde ist es still

die Steine unbewegt

und voll geschrieben mit Geschichten,

die auch kein Fisch

in stummem Beißen

mehr zernagen kann.

Denn blank gerieben

von des Wassers ewigem Fliessen,

gehören sie dem Fluss.

Auch ich

von des Lebens ewigem Sein

durchströmt,

habe niemals mir gehört.

Mehr noch ist die Welt jetzt draußen als zuvor,

ganz in mich hineingekrochen,

Höhle, Nest, wie Grab und Mutterbauch.

Immer wieder kehren wir dort ein

in unsren eignen Samen.

Alle Fülle ist dort eingespeist,

alle Möglichkeit darinnen tief verborgen.

Wie soll die Weite fühlbar sein,

bevor der Baum sich ausgebreitet hat?

Geheimnisvoll ist diese Zeit

im dunklen Grund der Truhe,

wo Gold und Silberschätze ruhen

und Diamantenglitzer nicht zu sehen sind.

Welch Boden nimmt mich auf

und lässt mich erblühen

in all der Lieb und Zeit,

die meine jetzt verzagte Seele braucht?

Raum – Haut

In Zeiten der Dünnhäutigkeit

erschaffe ich mir eine Ersatzhaut.

Das können viele Räume um mich sein,

die ich bewohne ganz allein.

In deren Mitte fühl ich mich geschützt,

bis die Haut Unterhaut und Oberhaut besitzt.

Die Raum-Haut schützt das frische Pflänzchen,

wie ein Gewächshaus es vorm Wind,

gedeiht entwickelt sich in mir

gebärend wieder dann mein Kind.

Ganz ungestört von Außen

wächst es im Schutz der Räumlichkeit,

will noch nichts haben von da draußen,

kommt irgendwann in die Raum-Zeit.

Türen öffnen sich dann ganz alleine

und Mauern gibt es keine.

Doch in diesen Zeiten,

wo es gilt die Tiefen zu durchschreiten,

verwundbar und verwundend,

da braucht es diese Raum-Haut Seiten.

Manchmal weitet sie sich aus

bis über meinen Garten,

da darf dann niemand sein,

nur Käfer, Vögel und Natur.

Die nehmen mich in ihre ‚Haut'

wärmen mich auf diesem Gang

der einsam ist und oftmals lang.

So dehnt und weitet sich die Außenhaut

bis meine eigne wieder aufgebaut

Stärke, Tiefe sie dann leiten,

die Häute andrer Menschen zu durchschreiten.

Ein Wechselspiel, wie das so geht,

von Außen Innen, Innen Außen.

Wohl sei dem, der das versteht!

Übergangszeiten, schwierige Zeiten.

Alles ist verwirrt.

Meinungen sich streiten.

Ein Leben lang geirrt?

Nichts funktioniert mehr richtig.

Was auch immer war

auf einmal nicht mehr wichtig,

so legt es sich jetzt dar.

Der Widerstand ist groß und heftig,

besteht auf seinem Recht.

Argumente wachsen hoch, sind kräftig,

Alles liegt jetzt im Gefecht.

Ist das die letzte, große Schlacht,

angekündigt schon so lange,

die, die alles niedermacht,

was nicht wirklich hat Belange?

Die falschen Werte eingequetscht,

Steine malen gründlich,

jedes Teilchen wird zermengscht.

So drehn und drehn sie stündlich.

Wenn mit hinein wir gehen,

so gibt es viele Schmerzen,

denn doch wir unsre Werte gehen sehen.

Das Rad lässt keine Zeit zum Scherzen.

Schaun wir zu und stehen schlicht daneben,

in uns heftig mag es drücken,

die Demontage überholter Leben,

der Gang auf morschen Krücken.

Ungewiss ist, was noch bleibt

und was schon kommt.

Ungewiss ist, was die Zeit dann treibt,

in welcher Sonne sie sich sonnt.

Nackt und blass und wortlos

gehen wir wohin?

Die alte Existenz, die sind wir los,

welche neue macht nun Sinn?

Wir brauchen nicht zu suchen, noch zu finden,

zu drehen aufs Neue unsre Runden,

an was Altes wieder uns zu binden.

Was wir suchen, hat uns längst gefunden.

Vertrauend nur uns fallen lassen,

ES weiß, wohin wir gehen.

Auf einmal alle Menschen, Orte passen,

verwundert wir in unsrer eignen Mitte stehn.

DAS FLOSS

Bilder trägt ein jedes Wort in sich.

Geschichten tauchen auf am Rand,

drücken nieder oder auch befreien mich

von Wünschen oder Widerstand.

So kam ein Floß mir in den Sinn.

Ein Floß, das fließt auf einem Strom.

Es strömt mit ihm dahin

und alleine darin liegt sein Sinn.

Ich leg mich drauf,

schau zu den Ufern hin,

die je nach Schnelligkeit der Strömung,

an mir vorüber ziehen.

Manchmal dreht es sich im Kreis,

so dass ich nicht mehr weiß,

aus welcher Richtung ich gekommen bin.

Um mich herum ist alles in Bewegung,

Wind und Wolken ziehen schnell dahin,

die Sterne still und ohne Regung

lieg ich nun da und frag mich nach dem Sinn.

Dann öffnen sich die Augen mir.

Zu Schauen, dafür bin ich hier.

Die Welt sieht sich durch mich

und ich -

erkenne durch die Welt erst mich.

Nur durch die Innenwelt führt der Weg nach außen.

Ist der Blick in uns versperrt,

so ist uns auch die Welt verwehrt.

Wir sehn sie bloß durch Löcher unsrer Angst,

durch Spalte unsrer Einsamkeit,

die Sonne nur durch schmale Ritzen scheint.

Die Welt ist dunkel so in mir und dir,

und alle Menschen gegen uns vereint.

Verschiedene Kerker gibt es da,

der, der Last und der, der Rachelust,

der, der Sucht und der, der Arbeitswut.

Wir selber haben sie gebaut in jahrelanger Kleinarbeit

und wohl durchdachter Selbstgerechtigkeit.

Darin die eigne Seele jetzt, gefesselt und geknebelt,

halbblind schaut sie zum Fenster hin

und sieht nur Gitterstäbe und ein wenig grau vernebelt.

Das ist dann unsre Welt, in der wir leben,

jeder hingeschobene Napf ist unsre Nahrung,

und Haben-Wollen unser Trank.

Steigen wir herab in diesen Kerker unsrer Innenwelt

und blicken mutig dem ins Angesicht,

dem eignen Elend und der Seele Not

und allem andren, das sich ihm hinzugesellt.

Nur Mitgefühl und liebevolles Schauen

hilft uns hier die Brücke bauen

von dem was war und dem was möglich ist.

Von Natur aus ist die Seele frei und weit,

verwoben mit der Welt in ihrer Einzigartigkeit.

Dies ihr Dasein in uns nie verschwindet,

auf immer es mit unsrem Herz verbindet.

So öffnen wir auch nur den kleinsten Spalt

für diese Göttlichkeit in unserer Gestalt,

sie fällt auf reinstem Grund der Liebe

und ihr Erblühen nun in allem widerhallt.

Aus allen Poren, Augen, Ohren

sie endlich leuchtet in die Welt,

wir fühlen uns wie neugeboren,

weil nichts mehr unsren Blick verstellt.

Die Schönheit, sie war immer da,

die Größe, Vielfalt, Wunderwelt.

Wir nehmen unsren Platz jetzt ein,

der uns von Anbeginn bereit gestellt.

Schätze,

so viele sind noch zu heben,

Zeit

dafür ein ganzes Leben.

Doch wie lange wärt es noch?

Was ist,

wenn sie vergraben bleiben?

Nur hier

zum Zeit – Vertreiben?

Wie Zeugen

stehen Helfer da im Kreis

um mich,

die Arme hängen

lang und weiß,

sie sind bereit

und warten,

denn ich

muss bitten sie

in meinen Garten.

Südwind

Sehr warm und fremd

beugt er die Äste,

Gedanken und Gefühle

gegen den Strich.

Feinster Sand,

von der Kälte der Nächte,

der Hitze der Tage,

zermürbtes Gestein,

färbt gelb die Luft.

Ehedem fest und solide,

schien es,

so wie unsere Lebenskonzepte,

zermahlen von der Zeit,

nun aufgewirbelt, mitgerissen,

trägt ihn der Sturm

über alle Meere und Kontinente.

So nährt

die Erde die Erde.

mit dem Sand der Wüste.

Unsere Gefühle,

haben auch sie Essenz,

bei all der Hitze und Kälte,

die sie durchlaufen?

Welcher Sturm trägt sie davon,

dieses ins Kleinste aufgelöste Erlöste?

Nährt so unser Bewusstsein

höheres Bewusstsein?

Untiefen der Seele treten plötzlich laut hervor,

versunkene Inseln steigen aus dem Meer,

Stätten eines unbewussten Daseins,

mit Geschichten voll geschrieben,

viele Tote dort begraben liegen.

Schwäche kann wie Ebbe sein,

freigelegt dann alle Unzulänglichkeiten

und die Furcht vor Ungenügen und Versagen.

Manchmal eine ganze Festung steigt dann auf,

auch sie kann nach so vielen Jahren

Verborgenes in ihren Kerkern jetzt nicht mehr bewahren.

Ungeschützt nun zeigt sich die Verwundbarkeit,

Sehnsucht bloß gelegt und Narben alten Schmerzes,

wie zitternde Nereiden aufgegeben die Verborgenheit,

um an Land zu finden, den Geliebten ihres Herzens.

Jetzt steht sie da, Stätte selbstgeschriebener Makel,

ausgesetzt der Sonne und der öffentlichen Schau.

Stelen, Monumente stürzen ins Debakel

und die Kinderseele endlich wieder weint.

Würde ich aufs Boot jetzt steigen,

diesen wackeligen Planken,

würd die Segel hissen,

könnte ich zurück sie holen,

wieder in mein Leben?

Diese von mir Ausgesetzten, kranken,

verkümmerten Gestalten meiner Selbst?

Ich wüsste, dass die Inseln dann ins Nichts

verschwinden würden wie ein Schemen.

Verwehtes Blatt in mir

im Raum der hohl und leer,

gefangen dort und ohne Blut

verloren taumelt hin und her.

Stark und tapfer will ich sein,

doch fühl ich mich ganz richtungslos

und sehr allein.

Um mich herum die Luft wird dünn,

nur wenig findet dort noch hin.

Ein Teil bin ich vom Ganzen,

doch wo gehör ich hin?

Ich alleine mache keinen Sinn.

Vielleicht im Herbst

wenn andre Blätter wehen,

im Tanze wird es fort dann gehen.

Derweil das Meer ist stets bereit,

zu heilen die Verwundbarkeit

dieser ach so wunden Zeit.

Zu klein die eigne Welt,

zu eng Vertrautes und Bekanntes,

zu angepasst und eingefügt,

Gedanken sind Verranntes,

das uns mit Bildern nur belügt.

Und ging ich noch so weit,

es wär zu nah,

den Raum ich könnte nicht durchmessen,

die Straßenkarte aus ich breit,

im Flug die Peilstation ich sah,

Die wahre Weite ist vergessen.

Ich müsste also ins das Nirgendwo

mich rein begeben,

um mit unbekanntem Risiko

den Raum des Irgendwo erleben.

Wie soll meine kleine Welt das Große fassen?

Wie es hinein dort zwingen?

Ich kann mich nur ins Große fallen lassen,

meine kleine Welt hinein dort bringen.

Wir alle hinterlassen Spuren,

auch die Unbemerkten

und die Ahnungslosen.

Tief sind Fußabdrücke.

Bewusstsein hebt,

Annehmen heilt Wunden,

Liebe löst Narben auf,

so dass ein buntes Muster bleibt

von längst gelebtem Leben.

Zeitläuferin ----

zurück in die Vergangenheit

in dunkle, tiefe Räume,

wo Versäumtes liegenblieb,

so Boden gab für das,

was wild jetzt ausgeschlagen,

fahle Triebe trieb.

Bis zum Grund jetzt gehen,

um der Triebe Gründe an zu sehen

und ohne zimperlich zu sein

in einem Schwung sie auszureißen.

Dies allein verändert alle Gründe,

hier in dieser Welt

als Mensch zu sein.

Zurück gekehrt

aus andern Räumen,

wo Welten nähren sich,

indem sie sich

in neue Räume träumen

und so erschaffen

neue Weltenräume unentwegt.

Zurück jetzt hier am alten Platz.

Wo ich war?

Dies niemand sieht,

auch ich seh' nicht,

wer mit mir in jenen Räumen war.

Fremd sich alle gegenüber stehn,

die doch vertraut mit mir,

dort waren.

Werden wir uns je erkennen,

in der Enge dieser Welt,

in der Spanne einer Zeit,

die von fremden Welten nicht mal träumt?

Wie verlorene Köpfe

schwimmen Bojen

auf der Oberfläche einer Tiefe,

die wir nicht sehen.

So wie Geschichten,

die verborgen bleiben,

wenn wir nicht hinab tauchen,

sie zu bergen.

Geschichten von Verwundbarkeit

aus alter Zeit,

die das Meer sanft

auf und ab wiegt

mit jeder Welle,

wie ein Junges,

das den Schutz eines Größeren braucht.

Doch haben wir den ganzen Leib

gehoben eines Tages,

vielleicht in einem Moment

unerklärlichen Mutes,

so sinkt um ein Weniges

der Spiegel des Meeres

und legt

-für alle-

Muscheln

und andere Schätze frei.

IV. BALLADE

Jederzeit
im
Sitzen

mit
Händen
Armen
Körper

voller
Einsatz

Renate

Der König

Schön und strahlend

wollte sie ihn sehn,

wie er saß auf seinem Thron.

So wie einst,

als er sie an die Hand genommen,

zusammen dann

als strahlend schönes Paar

hatten sie die Welt gewonnen.

Wie hatte sie, die Welt,

das Paar doch angeschaut.

Von dem, was damals war

so ganz vertraut,

war nichts geblieben.

Vereinsamt saßen sie auf ihrem Thron,

ihr Reich dahin geschmolzen, schon

standen Fremde vor der Tür.

Ein Neues jetzt verlangte heftig Eintritt hier.

Die Königin, sie wusste gleich:

Das Leben selber klopfte an ihr Reich,

wollte Flüsse wieder fließen lassen

und mit Menschen bevölkern seine Gassen.

Doch der König, stolz und starr,

nahm den Ansturm gar nicht wahr.

So trat alleine sie ans Tor,

sah gleich, dass dies verrottet war.

Ein kleiner Spalt nur ließ sich öffnen,

nicht wie einst die Flügel

weit und leicht,

wo sie hindurchgeschritten,

so wundersam auf weißen Pferden

durch die Welt geritten.

Jetzt,

man könnte sich hindurch nur zwängen,

um dem Leben wieder zu begegnen,

das versuchte heftig ran zu drängen,

Mühsam würd es sein.

Es würde Haare und Gewand zerzausen.

Und das laute Brausen draußen

schon verrät,

dass ein Wildes und Verwegenes dort herrscht,

das weder Wille, noch Verstand beherrscht.

Die Königin sich lange schon verzehrt,

weil Schönheit, Freude Hüllen gleich,

denn in diesem wundersamen Reich

ein ungeschriebenes Gesetz

der körperlichen Lust

den Eintritt hat verwehrt.

Ihr Herz nun ruft:

„Hinaus dort schreite!

Fliehe!

Oder zwänge dich!"

Ohne ihren König an der Seite?

Wie könnt sie gehen?

Der König ist verstummt

und hört das Klopfen nicht,

und nicht die Stimme seiner Königin,

zu sehr ist er in seiner Welt verbannt,

in seinen eigen Sinn verrannt.

Doch kann sie nicht verharren

denn auch alles rundherum

in diesem unlebendig Schloss,

ist am Erstarren.

Es gibt nur einen Weg,

den einen bloß,

allein hinaus auf diesen Steg,

ins Ungewisse längst vergessene

Leben.

Das Begräbnis des Vogels

Bestürzt schauen wir auf die,

die ihre Freiheit begraben haben

-meist vor langer Zeit-

und ohne zu ahnen,

dass das Leben vorüber ist,

denn Überraschungen sind

nicht mehr vorgesehen

und der Lauf ist fix und fest.

Sie laufen herum

mit gebeugtem Rücken,

den Blick sehr kurz gehalten,

der Radius der Bewegung,

wie der des Denkens eingeschränkt.

Der Vogel sitzt noch fröhlich

und pfeift in seinem Käfig.

Doch werden die Stäbe sichtbar,

jeder einzelne

fest und undurchdringbar,

täglich dick und dicker,

wird die Luft zum Atmen knapp,

die Welt ganz dünn und klein

gesehen durch den Spalt hindurch,

die Sonne scheint nur mehr durch Ritzen.

Eines Tages ist der Vogel tot,

das Herz weint bitterlich

und die Seele sagt,

auch diese Erfahrung wollt ich machen.

Ich habe die Erinnerung einer Kriegerin:

Ich erinnere nur die Kämpfe, die ich gewonnen habe.

Ich erinnere die Früchte dieser Siege.

Ich erinnere diese Lebenslust in mir.

Ich erinnere diese tiefe Befriedigung.

Ich erinnere mich an die Freude, die ich fühlte,

dass das Leben ok ist, so wie es ist,

reich und sinnvoll

und wie gut es ist, sein eigner Held zu sein.

Ich vergesse die Angst, mein Selbstbild zu verlieren.

Ich vergesse die Angst meines Egos, ein Verlierer zu sein.

Ich vergesse meine Zweifel und Gedanken von

Unwürdigkeit.

Ich vergesse die Angst, was andere über mich denken

könnten.

Ich vergesse die Angst, verwundbar zu sein.

Ich vergesse alle meine Ängste, meine größten Feinde.

Ich habe die Erinnerung einer Kriegerin.

Meine Waffen sind verfeinert.

Ich bin trainiert meinen Feinden ins Gesicht zu schauen.

So viele Kämpfe habe ich gewonnen und verloren,

verloren und gewonnen.

Nein, nein, es ist nicht einfach

immer wieder eine Herausforderung,

aber denn noch:

Ich möchte ein Held sein. [1]

---

[1] Erstveröffentlichung in „A world of words" 2017

Die Ballade vom Held

Die Schlacht ist geschlagen,

der Held ist erschöpft,

vorbei sind die Kämpfe,

als langsam zu Boden sanken

Schilde und Schwerter

wie lautlose Adjutanten.

Andere kamen und melden,

wie viele der anderen Seite Helden

der Held hat geköpft.

Ermattet, verwundet,

er hat kaum mehr Kraft,

die Waffen zur Höhle zu tragen.

Dort werden Wunden versorgt,

getrunken und später

gefeiert, gelacht,

bis in die nächste Schlacht

sich der Held dann aufmacht.

II.

Doch kaum erreicht er den Ort,

wo erwarten ihn Essen und Bad,

erneut lauter Ruf erlangt ihn dort,

zu erscheinen auf anderem Feld,

unverzüglich, jetzt und sofort.

Nicht ruhen er könnte jetzt,

nur verschließen die Ohren,

den Mund und das Herz

im Wissen, das alles Erreichte

ginge gänzlich verloren.

Er weiß,

er muss jetzt aufs Feld

- egal wie -

seine Anwesenheit zählt.

So rafft er sich auf.

Sein Wollen ihn trägt.

Erschöpft er dem Feind entgegen geht.

Doch hält er den Schild,

den Speer vor sich her,

schaut mutig dem andern ins Angesicht

und weiß,

diesmal gewinnt er nicht,

der Körper zu schwach,

doch sein Blick klar und wach.

Er weiß,

er muss jetzt aufs Feld

- egal wie –

seine Anwesenheit zählt.

III

Doch wer will schon wissen

von solchen Kämpfen und Kriegen,

diesem heftigen Ringen da drinnen.

Wen interessieren schon diese Schlachten,

wo keine Trophäen, Pokale winken

und niemand im Außen ist zu besiegen.

Nicht sichtbar der Feind,

nur im Innen zu kriegen.

Dort harsche Kritik,

ja Politik wird betrieben.

Was bringt Verlust?

Was bringt Gewinn?

Was brauch ich?

Was geb ich hin?

Und wie sind die Waffen

da auf dem Kriegsschauplatz

und was mit den andern

ich habe zu schaffen?

Hier ist viel Herzblut geronnen.

Hier die wirklichen Schlachten

werden verloren, gewonnen.

Und selbst der Held diesem Innenreich

ist nicht so gänzlich wohl gesonnen.

Es ist ein Kampf im Schattenbereich

und nur der Held ist wirklich.

Die Gründe, die seine Kriege machen,

sind immer gleich.

Die Erde eine Scheibe, dachte ich als Kind,

eines Tages würd ich gehen an den Rand geschwind,

weit, weit darüber weg, wo ich noch Sonne find.

Aus dem Stand dort ließe ich mich fallen in den Wind,

in den Abgrund, wo die andren Sterne sind.

Kometen könnt vielleicht ich dazu bringen,

mich noch tiefer in den Weltraum rein zu schwingen.

Ich würde mit die Lieder von Planeten singen,

erzählen allen von den tausend Erdendingen

und hören, wie die Sphärensänger singen.

In Ellipsen würd ich tanzen mit den Sternen,

von Universen, Sonnen, Galaxien schwärmen,

interstellare Regeln und Gesetze lernen,

mich für stellare Lebensform erwärmen.

und immer weiter so vom Erdenrand entfernen.

Je mehr sie wollen wissen, sich freuen, lachen

über all die Sachen, die wir auf der Erde machen,

ich brauche mir nichts vorzumachen,

nach dieser langen Zeit, beginnen meine Sehnsucht anzufache

auf der Erdenscheibe einfach wieder aufzuwachen.

Sterbend Sterne rauschen hier an mir vorbei,

auch die in festen Bahnen kreisen, sind jetzt mir einerlei,

kein Taxi, Zug noch Flug aus diesem Sternenbrei,

und ohne Widerhall in dieser Weite ist mein Schrei.

Oh, die Rettung, Halle Bob stürzt da vorbei.

Ich springe hoch und weit und ohne anzufragen,

halt ich fest den Schweif, die andre Hand am Kragen.

Seh mich selber als Komet jetzt durch den Weltraum jagen.

Vereist nach kurzen Tagen, doch will ich nicht verzagen,

die Erde wieder zu erlangen, dafür will ich alles wagen.

Kalt das weiße Licht des Schweifs auf dem ich liege,

nichts mehr mit ich kriege, Schwärze wo vorbei ich fliege,

rundherum nun Zweifel und auch Ängste tapfer ich besiege

So zieht Halle Bob den großen Kreis, macht eine Biege,

und seh vor mir die blaue Kugel, auf die ich zu jetzt fliege.

Dann, wie ausgespuckt aus tiefstem Weltenraumes-Mund,

stürz ich drauf zu, auf das Ersehnte, diesen edlen Fund,

und find mich unverwundet wieder auf der Erde Grund.

Welche Freude, umringt von Menschen, Bäumen, Fisch und
Hund

tu ich allen kund: Keine Scheibe, die Erde, sie ist rund.

V. TRAUM-REICHE

Angeschwemmt
Strandgut
Volleyball
Menschen
Eine
Insel
hat
viele
Ufer

In der Nacht verliere ich

in magische Reiche mich.

Dort Farben verblassen

in leuchtender Dunkelheit,

im irisierenden Schillern,

und nichts ist zu fassen,

entschwunden am morgen,

wie enthoben der Zeit.

Jetzt nehmen am Tag auch

die Herrscher der Nacht,

mich oftmals hinein

in diese nächtliche Pracht.

Sie führen mich durch Räume,

mir sehr wohl vertraut,

die ansonsten ich habe

im Traum nur geschaut,

wenn ruhte der Leib,

sicher, versorgt,

und sich die Nacht

einen Teil hatte ausgeborgt.

Nun kommen die Reiche

zusammen in mir,

erscheinen bewusst,

ja zeigen mir,

dass nichts ist getrennt,

nicht das Dunkle, noch Helle,

auch Festes verfliegt,

und Äther Materie besiegt.

Alles in Einem

und alles zugleich,

ist das Wunder vom Leben

in zeitlosem Reich.

In Zeiten,

wo jeder Gedanke

ein Diamant sein könnte,

achte und hüte ich sie

auf jegliche Weise.

Meine Netze habe ich ausgelegt

mit Watte und goldenem Glanz,

dass sie sich gut fühlen,

wenn sie in mein Herz sinken,

weil ich ihre transportierte Liebe

in die Welt strahlen möchte.

So dankbar, so gesegnet –

schmücken sie mich,

legen Geschmeide um meinen Körper,

lassen mich strahlen in ihrem Glanz.

Welche Geschenke

fallen da herab.

Wer sind die Boten,

diese Informanten fremder Galaxien?

Welche Kraft und Klarheit geht von ihnen aus.

Vielleicht sind sie es, die ich schau,

wenn ich schlaflos in der Nacht,

mich ihren Andrangs kaum erwehrend,

den Blick ins Meer der Sterne tauch.

Nur Könige und Sterne

beschreiten rote Teppiche,

wo sind Blüten ausgestreut

und Schlangen säumen Ränder.

Da zögern selbst die Mutigsten,

ihre schweren Roben abzulegen.

Zuviel Verwundbarkeit sich zeigt

in dieser fremden Blöße,

und der Feind allgegenwärtig

im angezogenen Gewand.

Jedoch nur nackt sind wir allein,

küssen Blütenblätter wunde Füße,

schlängeln kühle Häute über Hautgewand

bis auch dieses abgestreift

und damit alles,

was uns ist vertraut.

König dann und Stern zugleich

und des Teppichs Farbe

rot und grün und sametweich.

134

Sternenstreuer

So hin- und hergeworfen
von den Sternen.
Nicht geahnt,
wie sehr ein Teil ich bin
von diesen Kräften in den Fernen,
die ich seh,
am Himmel stehn.

Nichts bin ich für mich allein.
Nicht ein Ich in mir,
nur etwas wo ES scheint hindurch,
ein farbig Glas, ein Filter
für ein illusorisch Sein.
Dann irgendwann,
- vielleicht -
 inmitten einer Stille,
ich alle Farben sehen kann.

Unwirklich erscheint mir diese Welt

in diesen Zeiten der Veränderung,

als ob sie mir den Dienst versagt

in der gewöhnlichen Alltäglichkeit.

Schon in der Frühe bin ich irritiert,

weil ich nicht weiß,

wo ich werd hingeführt.

Ich laufe in dem Staunen rum

mit seinen vielen Räumen,

dort fremd, wo ich zu Hause bin.

Eine Allee von großen, kleinen Bäumen,

zurückgelegte Strecke säumen,

die nur noch existiert in der Erinnerung.

Ein Gewand trag ich von deren Blättern,

die erschweren leichten Schritt,

gesponnen wie ein Tuch aus Mustern,

das vielleicht mich einst geschützt.

Ist es der Wind,

der alles in Bewegung bringt

und lockt, ja zwingt,

die Flügel zu erheben?

Ist es die Luft,

die unbekannte Lieder singt,

die pfeift und ruft,

doch einfach abzufliegen?

Ich weiß nur,

daß ich die Last der Blätter spür,

die an mir kleben.

Ein jedes einzeln klaub ich ab

und gehe, gehe, gehe

unbekannte Wege lang,

mich leichter werden sehe,

indem ich wachsam pflückend gehe.

So mich fragend gehen sehe,

ob irgendwann die Lüfte hoch mich heben,

so daß ich leicht und frei kann schweben?

Oder ob ich schließlich dann befreit

von diesem Altlast Blätterkleid

einfach nackt nur weitergehe?

Krächzende
Raben
im
verdorrten
Walnussbaum

die
letzten
Zeugen

Hinterm
Haus
im
verdorrten
Walnussbaum

trauernde
Krähen

Wenn die Vögel landen in mir,

auf diesen Ästen meiner Gedanken,

offenbaren sich die Träume

und nagen an meiner Außenhaut,

als wollten sie aufpicken,

was sich im Nest meiner Hirngespinste

nieder gelegt hat.

Dankbar verfolge ich den Schmerz

und warte auf die Erkenntnis,

kükenhaft nur – oft –

doch ist ein Adler, Spatz, Kondor,

ja Papagei in ihm,

der von nun an seine Schwingen

in mir ausbreiten wird

und auf seinen Flügeln den Tau

der neuen Kontinente trägt.

Doch nur die Gewissheit

 gibt dem Wachstum Nahrung

und ich werde ihn hüten,

so dass er frei bleibt,

mich dorthin zu tragen,

wo fremde Blüten blühen

und Fische springen,

die so hell glitzern,

dass meine Augen brennen,

Schlangen mich umwinden,

das Mysterium mit zuckender Zunge

mir unter die Haut zu pflanzen.

Keine Farbe ist zu leuchtend,

kein Flug zu hoch

und kein Schmerz zu groß,

als dass ich nicht gewillt wäre,

diese Reise anzutreten.

- JEDEN MOMENT –

Wie ein Kind,

so einfach in die Welt reinschauen....

wie ein Vogel,

so einfach hier ein Nest mir bauen.....

wie ein Fisch,

so einfach mich dem Wasser anvertrauen.....

und sein

in Einem

Kind und Vogel,

Fisch und

gleichermaßen

Ich.

In Sichtweite die Widerstände

aufgestellt um mich wie Wände

gegen Lärm, Wind oder Schnee

oder wie Deiche gegen die Flut der See.

Ich stehe dahinter und bin geschützt.

So wie es bestimmten Tierarten nützt,

sich aufzuhalten in eingezäuntem Revier,

um zu überleben in diesen ohnmächtigen Zeiten hier.

Es lärmt und stürmt in jenem mir fremden Land,

ich spüre das andere, lauschend hinter der Wand.

Dann wachsen Bilder wie Bäume hoch aus mir raus

und Wörter dichten darum ein fürstliches Haus.

Darinnen ich steige die Treppen hinauf, immer höher,

die Sätze Geländer, mich führen dem Ausblick näher.

In Sichtweite die Menschen, voll Farben die Welt.

Ich werfe hinüber Visionen und Träume in Sätze gehüllt,

auf flatternden Bändern mein Dasein so sich erfüllt.

Ich wache morgens auf

und sähe mich dort liegen,

diesen Leib aus Fleisch und Blut

und der ganze Raum gefüllt

mit Bildern, die herum so fliegen.

Jedes Bild, ein Buch es könnte füllen,

heraus es würden lauter Töne quellen.

In dem Allen zeigt sich keine Ordnung mir.

Das Ganze ist die Ordnung hier.

Wie sie sich auch fügen im Geschehen,

der gleiche Teppich ist zu sehen.

Viele Filme, jung und alt,

ein Thema ist's in unterschiedlichster Gestalt.

Ein feinst erdachtes Muster ist darin,

im Überblick erfasse ich den Sinn

und auch die Rolle, die ich spiel darin.

Doch kann ich hie und da erkennen,

dass ein paar lose Fäden runterhängen.

An denen hangel ich mich lang

zurück in diese Leibeshülle.

So im Bewusstsein meiner Lebensfülle,

kehr ich zurück zum Webstuhl meiner Zeit

und knüpfe weiter an dem Teppich.

Wenn er fertig –

 und die Zeit für mich bereit,

ich in die andre Welt dann schreit.

Inhaltsverzeichnis

Vorwort

I. BEGEGNUNGEN

Seite

II. UNTERWEGS

III. INNENRÄUME

IV. BALLADE

V. TRAUM-REICHE

Die Gedichte sind im Zeitraum von 2011-2018 entstanden.

Illustrationen an den Kapitelanfängen aus den
Tagebuchaufzeichnungen RÜCKENANSICHTEN